ALWAYS ON THE GO

P A S S W O R D   K E E P E R

ACTIVINOTES

Activinotes

DAILY JOURNALS, PLANNERS, NOTEBOOKS AND OTHER BLANK BOOKS

Copyright 2016

TITLE:	PASSWORD CHANGE	DATE
URL:		
LOGIN:		
PASSWORD/PIN:		
NOTES/HINTS/SECURITY QUESTION		

TITLE:	PASSWORD CHANGE	DATE
URL:		
LOGIN:		
PASSWORD/PIN:		
NOTES/HINTS/SECURITY QUESTION		

TITLE:	PASSWORD CHANGE	DATE
URL:		
LOGIN:		
PASSWORD/PIN:		
NOTES/HINTS/SECURITY QUESTION		

TITLE:	PASSWORD CHANGE	DATE
URL:		
LOGIN:		
PASSWORD/PIN:		
NOTES/HINTS/SECURITY QUESTION		

TITLE:	PASSWORD CHANGE	DATE
URL:		
LOGIN:		
PASSWORD/PIN:		
NOTES/HINTS/SECURITY QUESTION		

TITLE:	PASSWORD CHANGE	DATE
URL:		
LOGIN:		
PASSWORD/PIN:		
NOTES/HINTS/SECURITY QUESTION		

TITLE:	PASSWORD CHANGE	DATE
URL:		
LOGIN:		
PASSWORD/PIN:		
NOTES/HINTS/SECURITY QUESTION		

TITLE:	PASSWORD CHANGE	DATE
URL:		
LOGIN:		
PASSWORD/PIN:		
NOTES/HINTS/SECURITY QUESTION		

TITLE:	PASSWORD CHANGE	DATE
URL:		
LOGIN:		
PASSWORD/PIN:		
NOTES/HINTS/SECURITY QUESTION		

TITLE:	PASSWORD CHANGE	DATE
URL:		
LOGIN:		
PASSWORD/PIN:		
NOTES/HINTS/SECURITY QUESTION		

TITLE:	PASSWORD CHANGE	DATE
URL:		
LOGIN:		
PASSWORD/PIN:		
NOTES/HINTS/SECURITY QUESTION		

TITLE:	PASSWORD CHANGE	DATE
URL:		
LOGIN:		
PASSWORD/PIN:		
NOTES/HINTS/SECURITY QUESTION		

TITLE:	PASSWORD CHANGE	DATE
URL:		
LOGIN:		
PASSWORD/PIN:		
NOTES/HINTS/SECURITY QUESTION		

TITLE:	PASSWORD CHANGE	DATE
URL:		
LOGIN:		
PASSWORD/PIN:		
NOTES/HINTS/SECURITY QUESTION		

TITLE:	PASSWORD CHANGE	DATE
URL:		
LOGIN:		
PASSWORD/PIN:		
NOTES/HINTS/SECURITY QUESTION		

TITLE:	PASSWORD CHANGE	DATE
URL:		
LOGIN:		
PASSWORD/PIN:		
NOTES/HINTS/SECURITY QUESTION		

TITLE:	PASSWORD CHANGE	DATE
URL:		
LOGIN:		
PASSWORD/PIN:		
NOTES/HINTS/SECURITY QUESTION		

TITLE:	PASSWORD CHANGE	DATE
URL:		
LOGIN:		
PASSWORD/PIN:		
NOTES/HINTS/SECURITY QUESTION		

TITLE:	PASSWORD CHANGE	DATE
URL:		
LOGIN:		
PASSWORD/PIN:		
NOTES/HINTS/SECURITY QUESTION		

TITLE:	PASSWORD CHANGE	DATE
URL:		
LOGIN:		
PASSWORD/PIN:		
NOTES/HINTS/SECURITY QUESTION		

TITLE:	PASSWORD CHANGE	DATE
URL:		
LOGIN:		
PASSWORD/PIN:		
NOTES/HINTS/SECURITY QUESTION		

TITLE:	PASSWORD CHANGE	DATE
URL:		
LOGIN:		
PASSWORD/PIN:		
NOTES/HINTS/SECURITY QUESTION		

TITLE:	PASSWORD CHANGE	DATE
URL:		
LOGIN:		
PASSWORD/PIN:		
NOTES/HINTS/SECURITY QUESTION		

TITLE:	PASSWORD CHANGE	DATE
URL:		
LOGIN:		
PASSWORD/PIN:		
NOTES/HINTS/SECURITY QUESTION		

TITLE:	PASSWORD CHANGE	DATE
URL:		
LOGIN:		
PASSWORD/PIN:		
NOTES/HINTS/SECURITY QUESTION		

TITLE:	PASSWORD CHANGE	DATE
URL:		
LOGIN:		
PASSWORD/PIN:		
NOTES/HINTS/SECURITY QUESTION		

TITLE:	PASSWORD CHANGE	DATE
URL:		
LOGIN:		
PASSWORD/PIN:		
NOTES/HINTS/SECURITY QUESTION		

TITLE:	PASSWORD CHANGE	DATE
URL:		
LOGIN:		
PASSWORD/PIN:		
NOTES/HINTS/SECURITY QUESTION		

TITLE:	PASSWORD CHANGE	DATE
URL:		
LOGIN:		
PASSWORD/PIN:		
NOTES/HINTS/SECURITY QUESTION		

TITLE:	PASSWORD CHANGE	DATE
URL:		
LOGIN:		
PASSWORD/PIN:		
NOTES/HINTS/SECURITY QUESTION		

TITLE:	PASSWORD CHANGE	DATE
URL:		
LOGIN:		
PASSWORD/PIN:		
NOTES/HINTS/SECURITY QUESTION		

TITLE:	PASSWORD CHANGE	DATE
URL:		
LOGIN:		
PASSWORD/PIN:		
NOTES/HINTS/SECURITY QUESTION		

TITLE:	PASSWORD CHANGE	DATE
URL:		
LOGIN:		
PASSWORD/PIN:		
NOTES/HINTS/SECURITY QUESTION		

TITLE:	PASSWORD CHANGE	DATE
URL:		
LOGIN:		
PASSWORD/PIN:		
NOTES/HINTS/SECURITY QUESTION		

TITLE:	PASSWORD CHANGE	DATE
URL:		
LOGIN:		
PASSWORD/PIN:		
NOTES/HINTS/SECURITY QUESTION		

TITLE:	PASSWORD CHANGE	DATE
URL:		
LOGIN:		
PASSWORD/PIN:		
NOTES/HINTS/SECURITY QUESTION		

TITLE:	PASSWORD CHANGE	DATE
URL:		
LOGIN:		
PASSWORD/PIN:		
NOTES/HINTS/SECURITY QUESTION		

TITLE:	PASSWORD CHANGE	DATE
URL:		
LOGIN:		
PASSWORD/PIN:		
NOTES/HINTS/SECURITY QUESTION		

TITLE:	PASSWORD CHANGE	DATE
URL:		
LOGIN:		
PASSWORD/PIN:		
NOTES/HINTS/SECURITY QUESTION		

TITLE:	PASSWORD CHANGE	DATE
URL:		
LOGIN:		
PASSWORD/PIN:		
NOTES/HINTS/SECURITY QUESTION		

TITLE:	PASSWORD CHANGE	DATE
URL:		
LOGIN:		
PASSWORD/PIN:		
NOTES/HINTS/SECURITY QUESTION		

TITLE:	PASSWORD CHANGE	DATE
URL:		
LOGIN:		
PASSWORD/PIN:		
NOTES/HINTS/SECURITY QUESTION		

TITLE:	PASSWORD CHANGE	DATE
URL:		
LOGIN:		
PASSWORD/PIN:		
NOTES/HINTS/SECURITY QUESTION		

TITLE:	PASSWORD CHANGE	DATE
URL:		
LOGIN:		
PASSWORD/PIN:		
NOTES/HINTS/SECURITY QUESTION		

TITLE:	PASSWORD CHANGE	DATE
URL:		
LOGIN:		
PASSWORD/PIN:		
NOTES/HINTS/SECURITY QUESTION		

TITLE:	PASSWORD CHANGE	DATE
URL:		
LOGIN:		
PASSWORD/PIN:		
NOTES/HINTS/SECURITY QUESTION		

TITLE:	PASSWORD CHANGE	DATE
URL:		
LOGIN:		
PASSWORD/PIN:		
NOTES/HINTS/SECURITY QUESTION		

TITLE:	PASSWORD CHANGE	DATE
URL:		
LOGIN:		
PASSWORD/PIN:		
NOTES/HINTS/SECURITY QUESTION		

TITLE:	PASSWORD CHANGE	DATE
URL:		
LOGIN:		
PASSWORD/PIN:		
NOTES/HINTS/SECURITY QUESTION		

TITLE:	PASSWORD CHANGE	DATE
URL:		
LOGIN:		
PASSWORD/PIN:		
NOTES/HINTS/SECURITY QUESTION		

TITLE:	PASSWORD CHANGE	DATE
URL:		
LOGIN:		
PASSWORD/PIN:		
NOTES/HINTS/SECURITY QUESTION		

TITLE:	PASSWORD CHANGE	DATE
URL:		
LOGIN:		
PASSWORD/PIN:		
NOTES/HINTS/SECURITY QUESTION		

TITLE:	PASSWORD CHANGE	DATE
URL:		
LOGIN:		
PASSWORD/PIN:		
NOTES/HINTS/SECURITY QUESTION		

TITLE:	PASSWORD CHANGE	DATE
URL:		
LOGIN:		
PASSWORD/PIN:		
NOTES/HINTS/SECURITY QUESTION		

TITLE:	PASSWORD CHANGE	DATE
URL:		
LOGIN:		
PASSWORD/PIN:		
NOTES/HINTS/SECURITY QUESTION		

TITLE:	PASSWORD CHANGE	DATE
URL:		
LOGIN:		
PASSWORD/PIN:		
NOTES/HINTS/SECURITY QUESTION		

TITLE:	PASSWORD CHANGE	DATE
URL:		
LOGIN:		
PASSWORD/PIN:		
NOTES/HINTS/SECURITY QUESTION		

TITLE:	PASSWORD CHANGE	DATE
URL:		
LOGIN:		
PASSWORD/PIN:		
NOTES/HINTS/SECURITY QUESTION		

TITLE:	PASSWORD CHANGE	DATE
URL:		
LOGIN:		
PASSWORD/PIN:		
NOTES/HINTS/SECURITY QUESTION		

TITLE:	PASSWORD CHANGE	DATE
URL:		
LOGIN:		
PASSWORD/PIN:		
NOTES/HINTS/SECURITY QUESTION		

TITLE:	PASSWORD CHANGE	DATE
URL:		
LOGIN:		
PASSWORD/PIN:		
NOTES/HINTS/SECURITY QUESTION		

TITLE:	PASSWORD CHANGE	DATE
URL:		
LOGIN:		
PASSWORD/PIN:		
NOTES/HINTS/SECURITY QUESTION		

TITLE:	PASSWORD CHANGE	DATE
URL:		
LOGIN:		
PASSWORD/PIN:		
NOTES/HINTS/SECURITY QUESTION		

TITLE:	PASSWORD CHANGE	DATE
URL:		
LOGIN:		
PASSWORD/PIN:		
NOTES/HINTS/SECURITY QUESTION		

TITLE:	PASSWORD CHANGE	DATE
URL:		
LOGIN:		
PASSWORD/PIN:		
NOTES/HINTS/SECURITY QUESTION		

TITLE:	PASSWORD CHANGE	DATE
URL:		
LOGIN:		
PASSWORD/PIN:		
NOTES/HINTS/SECURITY QUESTION		

TITLE:	PASSWORD CHANGE	DATE
URL:		
LOGIN:		
PASSWORD/PIN:		
NOTES/HINTS/SECURITY QUESTION		

TITLE:	PASSWORD CHANGE	DATE
URL:		
LOGIN:		
PASSWORD/PIN:		
NOTES/HINTS/SECURITY QUESTION		

TITLE:	PASSWORD CHANGE	DATE
URL:		
LOGIN:		
PASSWORD/PIN:		
NOTES/HINTS/SECURITY QUESTION		

TITLE:	PASSWORD CHANGE	DATE
URL:		
LOGIN:		
PASSWORD/PIN:		

NOTES/HINTS/SECURITY QUESTION

TITLE:	PASSWORD CHANGE	DATE
URL:		
LOGIN:		
PASSWORD/PIN:		

NOTES/HINTS/SECURITY QUESTION

TITLE:	PASSWORD CHANGE	DATE
URL:		
LOGIN:		
PASSWORD/PIN:		

NOTES/HINTS/SECURITY QUESTION

TITLE:	PASSWORD CHANGE	DATE
URL:		
LOGIN:		
PASSWORD/PIN:		
NOTES/HINTS/SECURITY QUESTION		

TITLE:	PASSWORD CHANGE	DATE
URL:		
LOGIN:		
PASSWORD/PIN:		
NOTES/HINTS/SECURITY QUESTION		

TITLE:	PASSWORD CHANGE	DATE
URL:		
LOGIN:		
PASSWORD/PIN:		
NOTES/HINTS/SECURITY QUESTION		

TITLE:	PASSWORD CHANGE	DATE
URL:		
LOGIN:		
PASSWORD/PIN:		

NOTES/HINTS/SECURITY QUESTION

TITLE:	PASSWORD CHANGE	DATE
URL:		
LOGIN:		
PASSWORD/PIN:		

NOTES/HINTS/SECURITY QUESTION

TITLE:	PASSWORD CHANGE	DATE
URL:		
LOGIN:		
PASSWORD/PIN:		

NOTES/HINTS/SECURITY QUESTION

TITLE:	PASSWORD CHANGE	DATE
URL:		
LOGIN:		
PASSWORD/PIN:		
NOTES/HINTS/SECURITY QUESTION		

TITLE:	PASSWORD CHANGE	DATE
URL:		
LOGIN:		
PASSWORD/PIN:		
NOTES/HINTS/SECURITY QUESTION		

TITLE:	PASSWORD CHANGE	DATE
URL:		
LOGIN:		
PASSWORD/PIN:		
NOTES/HINTS/SECURITY QUESTION		

TITLE:	PASSWORD CHANGE	DATE
URL:		
LOGIN:		
PASSWORD/PIN:		
NOTES/HINTS/SECURITY QUESTION		

TITLE:	PASSWORD CHANGE	DATE
URL:		
LOGIN:		
PASSWORD/PIN:		
NOTES/HINTS/SECURITY QUESTION		

TITLE:	PASSWORD CHANGE	DATE
URL:		
LOGIN:		
PASSWORD/PIN:		
NOTES/HINTS/SECURITY QUESTION		

TITLE:	PASSWORD CHANGE	DATE
URL:		
LOGIN:		
PASSWORD/PIN:		
NOTES/HINTS/SECURITY QUESTION		

TITLE:	PASSWORD CHANGE	DATE
URL:		
LOGIN:		
PASSWORD/PIN:		
NOTES/HINTS/SECURITY QUESTION		

TITLE:	PASSWORD CHANGE	DATE
URL:		
LOGIN:		
PASSWORD/PIN:		
NOTES/HINTS/SECURITY QUESTION		

TITLE:	PASSWORD CHANGE	DATE
URL:		
LOGIN:		
PASSWORD/PIN:		
NOTES/HINTS/SECURITY QUESTION		

TITLE:	PASSWORD CHANGE	DATE
URL:		
LOGIN:		
PASSWORD/PIN:		
NOTES/HINTS/SECURITY QUESTION		

TITLE:	PASSWORD CHANGE	DATE
URL:		
LOGIN:		
PASSWORD/PIN:		
NOTES/HINTS/SECURITY QUESTION		

TITLE:	PASSWORD CHANGE	DATE
URL:		
LOGIN:		
PASSWORD/PIN:		
NOTES/HINTS/SECURITY QUESTION		

TITLE:	PASSWORD CHANGE	DATE
URL:		
LOGIN:		
PASSWORD/PIN:		
NOTES/HINTS/SECURITY QUESTION		

TITLE:	PASSWORD CHANGE	DATE
URL:		
LOGIN:		
PASSWORD/PIN:		
NOTES/HINTS/SECURITY QUESTION		

TITLE:	PASSWORD CHANGE	DATE
URL:		
LOGIN:		
PASSWORD/PIN:		

NOTES/HINTS/SECURITY QUESTION

TITLE:	PASSWORD CHANGE	DATE
URL:		
LOGIN:		
PASSWORD/PIN:		

NOTES/HINTS/SECURITY QUESTION

TITLE:	PASSWORD CHANGE	DATE
URL:		
LOGIN:		
PASSWORD/PIN:		

NOTES/HINTS/SECURITY QUESTION

TITLE:	PASSWORD CHANGE	DATE
URL:		
LOGIN:		
PASSWORD/PIN:		
NOTES/HINTS/SECURITY QUESTION		

TITLE:	PASSWORD CHANGE	DATE
URL:		
LOGIN:		
PASSWORD/PIN:		
NOTES/HINTS/SECURITY QUESTION		

TITLE:	PASSWORD CHANGE	DATE
URL:		
LOGIN:		
PASSWORD/PIN:		
NOTES/HINTS/SECURITY QUESTION		

TITLE:	PASSWORD CHANGE	DATE
URL:		
LOGIN:		
PASSWORD/PIN:		

NOTES/HINTS/SECURITY QUESTION

TITLE:	PASSWORD CHANGE	DATE
URL:		
LOGIN:		
PASSWORD/PIN:		

NOTES/HINTS/SECURITY QUESTION

TITLE:	PASSWORD CHANGE	DATE
URL:		
LOGIN:		
PASSWORD/PIN:		

NOTES/HINTS/SECURITY QUESTION

TITLE:	PASSWORD CHANGE	DATE
URL:		
LOGIN:		
PASSWORD/PIN:		
NOTES/HINTS/SECURITY QUESTION		

TITLE:	PASSWORD CHANGE	DATE
URL:		
LOGIN:		
PASSWORD/PIN:		
NOTES/HINTS/SECURITY QUESTION		

TITLE:	PASSWORD CHANGE	DATE
URL:		
LOGIN:		
PASSWORD/PIN:		
NOTES/HINTS/SECURITY QUESTION		

TITLE:	PASSWORD CHANGE	DATE
URL:		
LOGIN:		
PASSWORD/PIN:		

NOTES/HINTS/SECURITY QUESTION

TITLE:	PASSWORD CHANGE	DATE
URL:		
LOGIN:		
PASSWORD/PIN:		

NOTES/HINTS/SECURITY QUESTION

TITLE:	PASSWORD CHANGE	DATE
URL:		
LOGIN:		
PASSWORD/PIN:		

NOTES/HINTS/SECURITY QUESTION

TITLE:	PASSWORD CHANGE	DATE
URL:		
LOGIN:		
PASSWORD/PIN:		
NOTES/HINTS/SECURITY QUESTION		

TITLE:	PASSWORD CHANGE	DATE
URL:		
LOGIN:		
PASSWORD/PIN:		
NOTES/HINTS/SECURITY QUESTION		

TITLE:	PASSWORD CHANGE	DATE
URL:		
LOGIN:		
PASSWORD/PIN:		
NOTES/HINTS/SECURITY QUESTION		

TITLE:	PASSWORD CHANGE	DATE
URL:		
LOGIN:		
PASSWORD/PIN:		

NOTES/HINTS/SECURITY QUESTION

TITLE:	PASSWORD CHANGE	DATE
URL:		
LOGIN:		
PASSWORD/PIN:		

NOTES/HINTS/SECURITY QUESTION

TITLE:	PASSWORD CHANGE	DATE
URL:		
LOGIN:		
PASSWORD/PIN:		

NOTES/HINTS/SECURITY QUESTION

TITLE:	PASSWORD CHANGE	DATE
URL:		
LOGIN:		
PASSWORD/PIN:		
NOTES/HINTS/SECURITY QUESTION		

TITLE:	PASSWORD CHANGE	DATE
URL:		
LOGIN:		
PASSWORD/PIN:		
NOTES/HINTS/SECURITY QUESTION		

TITLE:	PASSWORD CHANGE	DATE
URL:		
LOGIN:		
PASSWORD/PIN:		
NOTES/HINTS/SECURITY QUESTION		

TITLE:	PASSWORD CHANGE	DATE
URL:		
LOGIN:		
PASSWORD/PIN:		
NOTES/HINTS/SECURITY QUESTION		

TITLE:	PASSWORD CHANGE	DATE
URL:		
LOGIN:		
PASSWORD/PIN:		
NOTES/HINTS/SECURITY QUESTION		

TITLE:	PASSWORD CHANGE	DATE
URL:		
LOGIN:		
PASSWORD/PIN:		
NOTES/HINTS/SECURITY QUESTION		

TITLE:	PASSWORD CHANGE	DATE
URL:		
LOGIN:		
PASSWORD/PIN:		
NOTES/HINTS/SECURITY QUESTION		

TITLE:	PASSWORD CHANGE	DATE
URL:		
LOGIN:		
PASSWORD/PIN:		
NOTES/HINTS/SECURITY QUESTION		

TITLE:	PASSWORD CHANGE	DATE
URL:		
LOGIN:		
PASSWORD/PIN:		
NOTES/HINTS/SECURITY QUESTION		

TITLE:	PASSWORD CHANGE	DATE
URL:		
LOGIN:		
PASSWORD/PIN:		
NOTES/HINTS/SECURITY QUESTION		

TITLE:	PASSWORD CHANGE	DATE
URL:		
LOGIN:		
PASSWORD/PIN:		
NOTES/HINTS/SECURITY QUESTION		

TITLE:	PASSWORD CHANGE	DATE
URL:		
LOGIN:		
PASSWORD/PIN:		
NOTES/HINTS/SECURITY QUESTION		

TITLE:	PASSWORD CHANGE	DATE
URL:		
LOGIN:		
PASSWORD/PIN:		
NOTES/HINTS/SECURITY QUESTION		

TITLE:	PASSWORD CHANGE	DATE
URL:		
LOGIN:		
PASSWORD/PIN:		
NOTES/HINTS/SECURITY QUESTION		

TITLE:	PASSWORD CHANGE	DATE
URL:		
LOGIN:		
PASSWORD/PIN:		
NOTES/HINTS/SECURITY QUESTION		

TITLE:	PASSWORD CHANGE	DATE
URL:		
LOGIN:		
PASSWORD/PIN:		

NOTES/HINTS/SECURITY QUESTION

TITLE:	PASSWORD CHANGE	DATE
URL:		
LOGIN:		
PASSWORD/PIN:		

NOTES/HINTS/SECURITY QUESTION

TITLE:	PASSWORD CHANGE	DATE
URL:		
LOGIN:		
PASSWORD/PIN:		

NOTES/HINTS/SECURITY QUESTION

TITLE:	PASSWORD CHANGE	DATE
URL:		
LOGIN:		
PASSWORD/PIN:		
NOTES/HINTS/SECURITY QUESTION		

TITLE:	PASSWORD CHANGE	DATE
URL:		
LOGIN:		
PASSWORD/PIN:		
NOTES/HINTS/SECURITY QUESTION		

TITLE:	PASSWORD CHANGE	DATE
URL:		
LOGIN:		
PASSWORD/PIN:		
NOTES/HINTS/SECURITY QUESTION		

TITLE:	PASSWORD CHANGE	DATE
URL:		
LOGIN:		
PASSWORD/PIN:		
NOTES/HINTS/SECURITY QUESTION		

TITLE:	PASSWORD CHANGE	DATE
URL:		
LOGIN:		
PASSWORD/PIN:		
NOTES/HINTS/SECURITY QUESTION		

TITLE:	PASSWORD CHANGE	DATE
URL:		
LOGIN:		
PASSWORD/PIN:		
NOTES/HINTS/SECURITY QUESTION		

TITLE:	PASSWORD CHANGE	DATE
URL:		
LOGIN:		
PASSWORD/PIN:		
NOTES/HINTS/SECURITY QUESTION		

TITLE:	PASSWORD CHANGE	DATE
URL:		
LOGIN:		
PASSWORD/PIN:		
NOTES/HINTS/SECURITY QUESTION		

TITLE:	PASSWORD CHANGE	DATE
URL:		
LOGIN:		
PASSWORD/PIN:		
NOTES/HINTS/SECURITY QUESTION		

TITLE:	PASSWORD CHANGE	DATE
URL:		
LOGIN:		
PASSWORD/PIN:		
NOTES/HINTS/SECURITY QUESTION		

TITLE:	PASSWORD CHANGE	DATE
URL:		
LOGIN:		
PASSWORD/PIN:		
NOTES/HINTS/SECURITY QUESTION		

TITLE:	PASSWORD CHANGE	DATE
URL:		
LOGIN:		
PASSWORD/PIN:		
NOTES/HINTS/SECURITY QUESTION		

TITLE:	PASSWORD CHANGE	DATE
URL:		
LOGIN:		
PASSWORD/PIN:		
NOTES/HINTS/SECURITY QUESTION		

TITLE:	PASSWORD CHANGE	DATE
URL:		
LOGIN:		
PASSWORD/PIN:		
NOTES/HINTS/SECURITY QUESTION		

TITLE:	PASSWORD CHANGE	DATE
URL:		
LOGIN:		
PASSWORD/PIN:		
NOTES/HINTS/SECURITY QUESTION		

TITLE:	PASSWORD CHANGE	DATE
URL:		
LOGIN:		
PASSWORD/PIN:		
NOTES/HINTS/SECURITY QUESTION		

TITLE:	PASSWORD CHANGE	DATE
URL:		
LOGIN:		
PASSWORD/PIN:		
NOTES/HINTS/SECURITY QUESTION		

TITLE:	PASSWORD CHANGE	DATE
URL:		
LOGIN:		
PASSWORD/PIN:		
NOTES/HINTS/SECURITY QUESTION		

TITLE:	PASSWORD CHANGE	DATE
URL:		
LOGIN:		
PASSWORD/PIN:		
NOTES/HINTS/SECURITY QUESTION		

TITLE:	PASSWORD CHANGE	DATE
URL:		
LOGIN:		
PASSWORD/PIN:		
NOTES/HINTS/SECURITY QUESTION		

TITLE:	PASSWORD CHANGE	DATE
URL:		
LOGIN:		
PASSWORD/PIN:		
NOTES/HINTS/SECURITY QUESTION		

TITLE:	PASSWORD CHANGE	DATE
URL:		
LOGIN:		
PASSWORD/PIN:		

NOTES/HINTS/SECURITY QUESTION

TITLE:	PASSWORD CHANGE	DATE
URL:		
LOGIN:		
PASSWORD/PIN:		

NOTES/HINTS/SECURITY QUESTION

TITLE:	PASSWORD CHANGE	DATE
URL:		
LOGIN:		
PASSWORD/PIN:		

NOTES/HINTS/SECURITY QUESTION

TITLE:	PASSWORD CHANGE	DATE
URL:		
LOGIN:		
PASSWORD/PIN:		

NOTES/HINTS/SECURITY QUESTION

TITLE:	PASSWORD CHANGE	DATE
URL:		
LOGIN:		
PASSWORD/PIN:		

NOTES/HINTS/SECURITY QUESTION

TITLE:	PASSWORD CHANGE	DATE
URL:		
LOGIN:		
PASSWORD/PIN:		

NOTES/HINTS/SECURITY QUESTION

TITLE:	PASSWORD CHANGE	DATE
URL:		
LOGIN:		
PASSWORD/PIN:		
NOTES/HINTS/SECURITY QUESTION		

TITLE:	PASSWORD CHANGE	DATE
URL:		
LOGIN:		
PASSWORD/PIN:		
NOTES/HINTS/SECURITY QUESTION		

TITLE:	PASSWORD CHANGE	DATE
URL:		
LOGIN:		
PASSWORD/PIN:		
NOTES/HINTS/SECURITY QUESTION		

TITLE:	PASSWORD CHANGE	DATE
URL:		
LOGIN:		
PASSWORD/PIN:		
NOTES/HINTS/SECURITY QUESTION		

TITLE:	PASSWORD CHANGE	DATE
URL:		
LOGIN:		
PASSWORD/PIN:		
NOTES/HINTS/SECURITY QUESTION		

TITLE:	PASSWORD CHANGE	DATE
URL:		
LOGIN:		
PASSWORD/PIN:		
NOTES/HINTS/SECURITY QUESTION		

TITLE:	PASSWORD CHANGE	DATE
URL:		
LOGIN:		
PASSWORD/PIN:		
NOTES/HINTS/SECURITY QUESTION		

TITLE:	PASSWORD CHANGE	DATE
URL:		
LOGIN:		
PASSWORD/PIN:		
NOTES/HINTS/SECURITY QUESTION		

TITLE:	PASSWORD CHANGE	DATE
URL:		
LOGIN:		
PASSWORD/PIN:		
NOTES/HINTS/SECURITY QUESTION		

TITLE:	PASSWORD CHANGE	DATE
URL:		
LOGIN:		
PASSWORD/PIN:		
NOTES/HINTS/SECURITY QUESTION		

TITLE:	PASSWORD CHANGE	DATE
URL:		
LOGIN:		
PASSWORD/PIN:		
NOTES/HINTS/SECURITY QUESTION		

TITLE:	PASSWORD CHANGE	DATE
URL:		
LOGIN:		
PASSWORD/PIN:		
NOTES/HINTS/SECURITY QUESTION		

TITLE:	PASSWORD CHANGE	DATE
URL:		
LOGIN:		
PASSWORD/PIN:		

NOTES/HINTS/SECURITY QUESTION

TITLE:	PASSWORD CHANGE	DATE
URL:		
LOGIN:		
PASSWORD/PIN:		

NOTES/HINTS/SECURITY QUESTION

TITLE:	PASSWORD CHANGE	DATE
URL:		
LOGIN:		
PASSWORD/PIN:		

NOTES/HINTS/SECURITY QUESTION

TITLE:	PASSWORD CHANGE	DATE
URL:		
LOGIN:		
PASSWORD/PIN:		
NOTES/HINTS/SECURITY QUESTION		

TITLE:	PASSWORD CHANGE	DATE
URL:		
LOGIN:		
PASSWORD/PIN:		
NOTES/HINTS/SECURITY QUESTION		

TITLE:	PASSWORD CHANGE	DATE
URL:		
LOGIN:		
PASSWORD/PIN:		
NOTES/HINTS/SECURITY QUESTION		

TITLE:	PASSWORD CHANGE	DATE
URL:		
LOGIN:		
PASSWORD/PIN:		

NOTES/HINTS/SECURITY QUESTION

TITLE:	PASSWORD CHANGE	DATE
URL:		
LOGIN:		
PASSWORD/PIN:		

NOTES/HINTS/SECURITY QUESTION

TITLE:	PASSWORD CHANGE	DATE
URL:		
LOGIN:		
PASSWORD/PIN:		

NOTES/HINTS/SECURITY QUESTION

TITLE:	PASSWORD CHANGE	DATE
URL:		
LOGIN:		
PASSWORD/PIN:		
NOTES/HINTS/SECURITY QUESTION		

TITLE:	PASSWORD CHANGE	DATE
URL:		
LOGIN:		
PASSWORD/PIN:		
NOTES/HINTS/SECURITY QUESTION		

TITLE:	PASSWORD CHANGE	DATE
URL:		
LOGIN:		
PASSWORD/PIN:		
NOTES/HINTS/SECURITY QUESTION		

TITLE:	PASSWORD CHANGE	DATE
URL:		
LOGIN:		
PASSWORD/PIN:		
NOTES/HINTS/SECURITY QUESTION		

TITLE:	PASSWORD CHANGE	DATE
URL:		
LOGIN:		
PASSWORD/PIN:		
NOTES/HINTS/SECURITY QUESTION		

TITLE:	PASSWORD CHANGE	DATE
URL:		
LOGIN:		
PASSWORD/PIN:		
NOTES/HINTS/SECURITY QUESTION		

TITLE:	PASSWORD CHANGE	DATE
URL:		
LOGIN:		
PASSWORD/PIN:		
NOTES/HINTS/SECURITY QUESTION		

TITLE:	PASSWORD CHANGE	DATE
URL:		
LOGIN:		
PASSWORD/PIN:		
NOTES/HINTS/SECURITY QUESTION		

TITLE:	PASSWORD CHANGE	DATE
URL:		
LOGIN:		
PASSWORD/PIN:		
NOTES/HINTS/SECURITY QUESTION		

TITLE:	PASSWORD CHANGE	DATE
URL:		
LOGIN:		
PASSWORD/PIN:		

NOTES/HINTS/SECURITY QUESTION

TITLE:	PASSWORD CHANGE	DATE
URL:		
LOGIN:		
PASSWORD/PIN:		

NOTES/HINTS/SECURITY QUESTION

TITLE:	PASSWORD CHANGE	DATE
URL:		
LOGIN:		
PASSWORD/PIN:		

NOTES/HINTS/SECURITY QUESTION

TITLE:	PASSWORD CHANGE	DATE
URL:		
LOGIN:		
PASSWORD/PIN:		
NOTES/HINTS/SECURITY QUESTION		

TITLE:	PASSWORD CHANGE	DATE
URL:		
LOGIN:		
PASSWORD/PIN:		
NOTES/HINTS/SECURITY QUESTION		

TITLE:	PASSWORD CHANGE	DATE
URL:		
LOGIN:		
PASSWORD/PIN:		
NOTES/HINTS/SECURITY QUESTION		

TITLE:	PASSWORD CHANGE	DATE
URL:		
LOGIN:		
PASSWORD/PIN:		

NOTES/HINTS/SECURITY QUESTION

TITLE:	PASSWORD CHANGE	DATE
URL:		
LOGIN:		
PASSWORD/PIN:		

NOTES/HINTS/SECURITY QUESTION

TITLE:	PASSWORD CHANGE	DATE
URL:		
LOGIN:		
PASSWORD/PIN:		

NOTES/HINTS/SECURITY QUESTION

TITLE:	PASSWORD CHANGE	DATE
URL:		
LOGIN:		
PASSWORD/PIN:		
NOTES/HINTS/SECURITY QUESTION		

TITLE:	PASSWORD CHANGE	DATE
URL:		
LOGIN:		
PASSWORD/PIN:		
NOTES/HINTS/SECURITY QUESTION		

TITLE:	PASSWORD CHANGE	DATE
URL:		
LOGIN:		
PASSWORD/PIN:		
NOTES/HINTS/SECURITY QUESTION		

TITLE:	PASSWORD CHANGE	DATE
URL:		
LOGIN:		
PASSWORD/PIN:		
NOTES/HINTS/SECURITY QUESTION		

TITLE:	PASSWORD CHANGE	DATE
URL:		
LOGIN:		
PASSWORD/PIN:		
NOTES/HINTS/SECURITY QUESTION		

TITLE:	PASSWORD CHANGE	DATE
URL:		
LOGIN:		
PASSWORD/PIN:		
NOTES/HINTS/SECURITY QUESTION		

TITLE:	PASSWORD CHANGE	DATE
URL:		
LOGIN:		
PASSWORD/PIN:		
NOTES/HINTS/SECURITY QUESTION		

TITLE:	PASSWORD CHANGE	DATE
URL:		
LOGIN:		
PASSWORD/PIN:		
NOTES/HINTS/SECURITY QUESTION		

TITLE:	PASSWORD CHANGE	DATE
URL:		
LOGIN:		
PASSWORD/PIN:		
NOTES/HINTS/SECURITY QUESTION		

TITLE:	PASSWORD CHANGE	DATE
URL:		
LOGIN:		
PASSWORD/PIN:		

NOTES/HINTS/SECURITY QUESTION

TITLE:	PASSWORD CHANGE	DATE
URL:		
LOGIN:		
PASSWORD/PIN:		

NOTES/HINTS/SECURITY QUESTION

TITLE:	PASSWORD CHANGE	DATE
URL:		
LOGIN:		
PASSWORD/PIN:		

NOTES/HINTS/SECURITY QUESTION

TITLE:	PASSWORD CHANGE	DATE
URL:		
LOGIN:		
PASSWORD/PIN:		
NOTES/HINTS/SECURITY QUESTION		

TITLE:	PASSWORD CHANGE	DATE
URL:		
LOGIN:		
PASSWORD/PIN:		
NOTES/HINTS/SECURITY QUESTION		

TITLE:	PASSWORD CHANGE	DATE
URL:		
LOGIN:		
PASSWORD/PIN:		
NOTES/HINTS/SECURITY QUESTION		

TITLE:	PASSWORD CHANGE	DATE
URL:		
LOGIN:		
PASSWORD/PIN:		
NOTES/HINTS/SECURITY QUESTION		

TITLE:	PASSWORD CHANGE	DATE
URL:		
LOGIN:		
PASSWORD/PIN:		
NOTES/HINTS/SECURITY QUESTION		

TITLE:	PASSWORD CHANGE	DATE
URL:		
LOGIN:		
PASSWORD/PIN:		
NOTES/HINTS/SECURITY QUESTION		

TITLE:	PASSWORD CHANGE	DATE
URL:		
LOGIN:		
PASSWORD/PIN:		
NOTES/HINTS/SECURITY QUESTION		

TITLE:	PASSWORD CHANGE	DATE
URL:		
LOGIN:		
PASSWORD/PIN:		
NOTES/HINTS/SECURITY QUESTION		

TITLE:	PASSWORD CHANGE	DATE
URL:		
LOGIN:		
PASSWORD/PIN:		
NOTES/HINTS/SECURITY QUESTION		

TITLE:	PASSWORD CHANGE	DATE
URL:		
LOGIN:		
PASSWORD/PIN:		
NOTES/HINTS/SECURITY QUESTION		

TITLE:	PASSWORD CHANGE	DATE
URL:		
LOGIN:		
PASSWORD/PIN:		
NOTES/HINTS/SECURITY QUESTION		

TITLE:	PASSWORD CHANGE	DATE
URL:		
LOGIN:		
PASSWORD/PIN:		
NOTES/HINTS/SECURITY QUESTION		

TITLE:	PASSWORD CHANGE	DATE
URL:		
LOGIN:		
PASSWORD/PIN:		
NOTES/HINTS/SECURITY QUESTION		

TITLE:	PASSWORD CHANGE	DATE
URL:		
LOGIN:		
PASSWORD/PIN:		
NOTES/HINTS/SECURITY QUESTION		

TITLE:	PASSWORD CHANGE	DATE
URL:		
LOGIN:		
PASSWORD/PIN:		
NOTES/HINTS/SECURITY QUESTION		

TITLE:	PASSWORD CHANGE	DATE
URL:		
LOGIN:		
PASSWORD/PIN:		

NOTES/HINTS/SECURITY QUESTION

TITLE:	PASSWORD CHANGE	DATE
URL:		
LOGIN:		
PASSWORD/PIN:		

NOTES/HINTS/SECURITY QUESTION

TITLE:	PASSWORD CHANGE	DATE
URL:		
LOGIN:		
PASSWORD/PIN:		

NOTES/HINTS/SECURITY QUESTION

TITLE:	PASSWORD CHANGE	DATE
URL:		
LOGIN:		
PASSWORD/PIN:		
NOTES/HINTS/SECURITY QUESTION		

TITLE:	PASSWORD CHANGE	DATE
URL:		
LOGIN:		
PASSWORD/PIN:		
NOTES/HINTS/SECURITY QUESTION		

TITLE:	PASSWORD CHANGE	DATE
URL:		
LOGIN:		
PASSWORD/PIN:		
NOTES/HINTS/SECURITY QUESTION		

TITLE:	PASSWORD CHANGE	DATE
URL:		
LOGIN:		
PASSWORD/PIN:		
NOTES/HINTS/SECURITY QUESTION		

TITLE:	PASSWORD CHANGE	DATE
URL:		
LOGIN:		
PASSWORD/PIN:		
NOTES/HINTS/SECURITY QUESTION		

TITLE:	PASSWORD CHANGE	DATE
URL:		
LOGIN:		
PASSWORD/PIN:		
NOTES/HINTS/SECURITY QUESTION		

TITLE:	PASSWORD CHANGE	DATE
URL:		
LOGIN:		
PASSWORD/PIN:		
NOTES/HINTS/SECURITY QUESTION		

TITLE:	PASSWORD CHANGE	DATE
URL:		
LOGIN:		
PASSWORD/PIN:		
NOTES/HINTS/SECURITY QUESTION		

TITLE:	PASSWORD CHANGE	DATE
URL:		
LOGIN:		
PASSWORD/PIN:		
NOTES/HINTS/SECURITY QUESTION		

TITLE:	PASSWORD CHANGE	DATE
URL:		
LOGIN:		
PASSWORD/PIN:		
NOTES/HINTS/SECURITY QUESTION		

TITLE:	PASSWORD CHANGE	DATE
URL:		
LOGIN:		
PASSWORD/PIN:		
NOTES/HINTS/SECURITY QUESTION		

TITLE:	PASSWORD CHANGE	DATE
URL:		
LOGIN:		
PASSWORD/PIN:		
NOTES/HINTS/SECURITY QUESTION		

TITLE:	PASSWORD CHANGE	DATE
URL:		
LOGIN:		
PASSWORD/PIN:		

NOTES/HINTS/SECURITY QUESTION

TITLE:	PASSWORD CHANGE	DATE
URL:		
LOGIN:		
PASSWORD/PIN:		

NOTES/HINTS/SECURITY QUESTION

TITLE:	PASSWORD CHANGE	DATE
URL:		
LOGIN:		
PASSWORD/PIN:		

NOTES/HINTS/SECURITY QUESTION

TITLE:	PASSWORD CHANGE	DATE
URL:		
LOGIN:		
PASSWORD/PIN:		

NOTES/HINTS/SECURITY QUESTION

TITLE:	PASSWORD CHANGE	DATE
URL:		
LOGIN:		
PASSWORD/PIN:		

NOTES/HINTS/SECURITY QUESTION

TITLE:	PASSWORD CHANGE	DATE
URL:		
LOGIN:		
PASSWORD/PIN:		

NOTES/HINTS/SECURITY QUESTION

TITLE:	PASSWORD CHANGE	DATE
URL:		
LOGIN:		
PASSWORD/PIN:		
NOTES/HINTS/SECURITY QUESTION		

TITLE:	PASSWORD CHANGE	DATE
URL:		
LOGIN:		
PASSWORD/PIN:		
NOTES/HINTS/SECURITY QUESTION		

TITLE:	PASSWORD CHANGE	DATE
URL:		
LOGIN:		
PASSWORD/PIN:		
NOTES/HINTS/SECURITY QUESTION		

TITLE:	PASSWORD CHANGE	DATE
URL:		
LOGIN:		
PASSWORD/PIN:		
NOTES/HINTS/SECURITY QUESTION		

TITLE:	PASSWORD CHANGE	DATE
URL:		
LOGIN:		
PASSWORD/PIN:		
NOTES/HINTS/SECURITY QUESTION		

TITLE:	PASSWORD CHANGE	DATE
URL:		
LOGIN:		
PASSWORD/PIN:		
NOTES/HINTS/SECURITY QUESTION		

TITLE:	PASSWORD CHANGE	DATE
URL:		
LOGIN:		
PASSWORD/PIN:		
NOTES/HINTS/SECURITY QUESTION		

TITLE:	PASSWORD CHANGE	DATE
URL:		
LOGIN:		
PASSWORD/PIN:		
NOTES/HINTS/SECURITY QUESTION		

TITLE:	PASSWORD CHANGE	DATE
URL:		
LOGIN:		
PASSWORD/PIN:		
NOTES/HINTS/SECURITY QUESTION		

TITLE:	PASSWORD CHANGE	DATE
URL:		
LOGIN:		
PASSWORD/PIN:		
NOTES/HINTS/SECURITY QUESTION		

TITLE:	PASSWORD CHANGE	DATE
URL:		
LOGIN:		
PASSWORD/PIN:		
NOTES/HINTS/SECURITY QUESTION		

TITLE:	PASSWORD CHANGE	DATE
URL:		
LOGIN:		
PASSWORD/PIN:		
NOTES/HINTS/SECURITY QUESTION		

TITLE:	PASSWORD CHANGE	DATE
URL:		
LOGIN:		
PASSWORD/PIN:		
NOTES/HINTS/SECURITY QUESTION		

TITLE:	PASSWORD CHANGE	DATE
URL:		
LOGIN:		
PASSWORD/PIN:		
NOTES/HINTS/SECURITY QUESTION		

TITLE:	PASSWORD CHANGE	DATE
URL:		
LOGIN:		
PASSWORD/PIN:		
NOTES/HINTS/SECURITY QUESTION		

TITLE:	PASSWORD CHANGE	DATE
URL:		
LOGIN:		
PASSWORD/PIN:		
NOTES/HINTS/SECURITY QUESTION		

TITLE:	PASSWORD CHANGE	DATE
URL:		
LOGIN:		
PASSWORD/PIN:		
NOTES/HINTS/SECURITY QUESTION		

TITLE:	PASSWORD CHANGE	DATE
URL:		
LOGIN:		
PASSWORD/PIN:		
NOTES/HINTS/SECURITY QUESTION		

TITLE:	PASSWORD CHANGE	DATE
URL:		
LOGIN:		
PASSWORD/PIN:		
NOTES/HINTS/SECURITY QUESTION		

TITLE:	PASSWORD CHANGE	DATE
URL:		
LOGIN:		
PASSWORD/PIN:		
NOTES/HINTS/SECURITY QUESTION		

TITLE:	PASSWORD CHANGE	DATE
URL:		
LOGIN:		
PASSWORD/PIN:		
NOTES/HINTS/SECURITY QUESTION		

TITLE:	PASSWORD CHANGE	DATE
URL:		
LOGIN:		
PASSWORD/PIN:		
NOTES/HINTS/SECURITY QUESTION		

TITLE:	PASSWORD CHANGE	DATE
URL:		
LOGIN:		
PASSWORD/PIN:		
NOTES/HINTS/SECURITY QUESTION		

TITLE:	PASSWORD CHANGE	DATE
URL:		
LOGIN:		
PASSWORD/PIN:		
NOTES/HINTS/SECURITY QUESTION		

TITLE:	PASSWORD CHANGE	DATE
URL:		
LOGIN:		
PASSWORD/PIN:		
NOTES/HINTS/SECURITY QUESTION		

TITLE:	PASSWORD CHANGE	DATE
URL:		
LOGIN:		
PASSWORD/PIN:		
NOTES/HINTS/SECURITY QUESTION		

TITLE:	PASSWORD CHANGE	DATE
URL:		
LOGIN:		
PASSWORD/PIN:		
NOTES/HINTS/SECURITY QUESTION		

TITLE:	PASSWORD CHANGE	DATE
URL:		
LOGIN:		
PASSWORD/PIN:		

NOTES/HINTS/SECURITY QUESTION

TITLE:	PASSWORD CHANGE	DATE
URL:		
LOGIN:		
PASSWORD/PIN:		

NOTES/HINTS/SECURITY QUESTION

TITLE:	PASSWORD CHANGE	DATE
URL:		
LOGIN:		
PASSWORD/PIN:		

NOTES/HINTS/SECURITY QUESTION

TITLE:	PASSWORD CHANGE	DATE
URL:		
LOGIN:		
PASSWORD/PIN:		
NOTES/HINTS/SECURITY QUESTION		

TITLE:	PASSWORD CHANGE	DATE
URL:		
LOGIN:		
PASSWORD/PIN:		
NOTES/HINTS/SECURITY QUESTION		

TITLE:	PASSWORD CHANGE	DATE
URL:		
LOGIN:		
PASSWORD/PIN:		
NOTES/HINTS/SECURITY QUESTION		

TITLE:	PASSWORD CHANGE	DATE
URL:		
LOGIN:		
PASSWORD/PIN:		
NOTES/HINTS/SECURITY QUESTION		

TITLE:	PASSWORD CHANGE	DATE
URL:		
LOGIN:		
PASSWORD/PIN:		
NOTES/HINTS/SECURITY QUESTION		

TITLE:	PASSWORD CHANGE	DATE
URL:		
LOGIN:		
PASSWORD/PIN:		
NOTES/HINTS/SECURITY QUESTION		

TITLE:	PASSWORD CHANGE	DATE
URL:		
LOGIN:		
PASSWORD/PIN:		
NOTES/HINTS/SECURITY QUESTION		

TITLE:	PASSWORD CHANGE	DATE
URL:		
LOGIN:		
PASSWORD/PIN:		
NOTES/HINTS/SECURITY QUESTION		

TITLE:	PASSWORD CHANGE	DATE
URL:		
LOGIN:		
PASSWORD/PIN:		
NOTES/HINTS/SECURITY QUESTION		

TITLE:	PASSWORD CHANGE	DATE
URL:		
LOGIN:		
PASSWORD/PIN:		

NOTES/HINTS/SECURITY QUESTION

TITLE:	PASSWORD CHANGE	DATE
URL:		
LOGIN:		
PASSWORD/PIN:		

NOTES/HINTS/SECURITY QUESTION

TITLE:	PASSWORD CHANGE	DATE
URL:		
LOGIN:		
PASSWORD/PIN:		

NOTES/HINTS/SECURITY QUESTION

TITLE:	PASSWORD CHANGE	DATE
URL:		
LOGIN:		
PASSWORD/PIN:		

NOTES/HINTS/SECURITY QUESTION

TITLE:	PASSWORD CHANGE	DATE
URL:		
LOGIN:		
PASSWORD/PIN:		

NOTES/HINTS/SECURITY QUESTION

TITLE:	PASSWORD CHANGE	DATE
URL:		
LOGIN:		
PASSWORD/PIN:		

NOTES/HINTS/SECURITY QUESTION

TITLE:	PASSWORD CHANGE	DATE
URL:		
LOGIN:		
PASSWORD/PIN:		
NOTES/HINTS/SECURITY QUESTION		

TITLE:	PASSWORD CHANGE	DATE
URL:		
LOGIN:		
PASSWORD/PIN:		
NOTES/HINTS/SECURITY QUESTION		

TITLE:	PASSWORD CHANGE	DATE
URL:		
LOGIN:		
PASSWORD/PIN:		
NOTES/HINTS/SECURITY QUESTION		

TITLE:	PASSWORD CHANGE	DATE
URL:		
LOGIN:		
PASSWORD/PIN:		
NOTES/HINTS/SECURITY QUESTION		

TITLE:	PASSWORD CHANGE	DATE
URL:		
LOGIN:		
PASSWORD/PIN:		
NOTES/HINTS/SECURITY QUESTION		

TITLE:	PASSWORD CHANGE	DATE
URL:		
LOGIN:		
PASSWORD/PIN:		
NOTES/HINTS/SECURITY QUESTION		

TITLE:	PASSWORD CHANGE	DATE
URL:		
LOGIN:		
PASSWORD/PIN:		
NOTES/HINTS/SECURITY QUESTION		

TITLE:	PASSWORD CHANGE	DATE
URL:		
LOGIN:		
PASSWORD/PIN:		
NOTES/HINTS/SECURITY QUESTION		

TITLE:	PASSWORD CHANGE	DATE
URL:		
LOGIN:		
PASSWORD/PIN:		
NOTES/HINTS/SECURITY QUESTION		

TITLE:	PASSWORD CHANGE	DATE
URL:		
LOGIN:		
PASSWORD/PIN:		
NOTES/HINTS/SECURITY QUESTION		

TITLE:	PASSWORD CHANGE	DATE
URL:		
LOGIN:		
PASSWORD/PIN:		
NOTES/HINTS/SECURITY QUESTION		

TITLE:	PASSWORD CHANGE	DATE
URL:		
LOGIN:		
PASSWORD/PIN:		
NOTES/HINTS/SECURITY QUESTION		

TITLE:	PASSWORD CHANGE	DATE
URL:		
LOGIN:		
PASSWORD/PIN:		
NOTES/HINTS/SECURITY QUESTION		

TITLE:	PASSWORD CHANGE	DATE
URL:		
LOGIN:		
PASSWORD/PIN:		
NOTES/HINTS/SECURITY QUESTION		

TITLE:	PASSWORD CHANGE	DATE
URL:		
LOGIN:		
PASSWORD/PIN:		
NOTES/HINTS/SECURITY QUESTION		

TITLE:	PASSWORD CHANGE	DATE
URL:		
LOGIN:		
PASSWORD/PIN:		
NOTES/HINTS/SECURITY QUESTION		

TITLE:	PASSWORD CHANGE	DATE
URL:		
LOGIN:		
PASSWORD/PIN:		
NOTES/HINTS/SECURITY QUESTION		

TITLE:	PASSWORD CHANGE	DATE
URL:		
LOGIN:		
PASSWORD/PIN:		
NOTES/HINTS/SECURITY QUESTION		

TITLE:	PASSWORD CHANGE	DATE
URL:		
LOGIN:		
PASSWORD/PIN:		
NOTES/HINTS/SECURITY QUESTION		

TITLE:	PASSWORD CHANGE	DATE
URL:		
LOGIN:		
PASSWORD/PIN:		
NOTES/HINTS/SECURITY QUESTION		

TITLE:	PASSWORD CHANGE	DATE
URL:		
LOGIN:		
PASSWORD/PIN:		
NOTES/HINTS/SECURITY QUESTION		

www.ingramcontent.com/pod-product-compliance
Lightning Source LLC
Chambersburg PA
CBHW081333090426
42737CB00017B/3124